$T^{52}_{c\ 33}$

NOTICE

SUR

LE COMMERCE DU LAIT

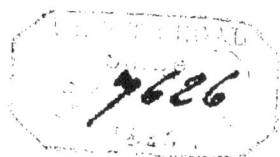

Destiné à l'alimentation de la population parisienne;

PAR M. A. CHEVALLIER,

Chimiste, Membre de l'Académie impériale de médecine, du Conseil de salubrité, etc.

PARIS.

TYPOGRAPHIE DE E. ET V. PENAUD FRÈRES,
RUE DU FAUBOURG-MONTMARTRE, 10.

1856.

NOTICE

SUR

Le commerce du Lait

Destiné à l'alimentation de la population parisienne.

S'il est après le pain et la viande un produit qui mérite de fixer l'attention publique, c'est à coup sûr le lait, qui, considéré d'une manière générale, constitue évidemment un aliment complet, puisque pendant un temps plus ou moins considérable, qui dans certaines circonstances se prolonge au delà d'une année, ce liquide alimentaire suffit à la nourriture des enfants.

Pour ce qui est relatif au lait de vache (1), qui fait le sujet de cet écrit, on sait que la consommation est considérable, et

---

(1) La vache, donnée moyenne, fournit par jour, de 7 à 10 litres de lait ; il est difficile d'être plus précis, le résultat dépendant *de l'espèce des vaches, de la qualité et de la quantité de nourriture, de l'état de santé, du plus ou moins de temps qui s'est écoulé depuis le part, du local dans lequel elles sont tenues,* etc.

qu'à Paris il sert à la nourriture de l'homme, pris seul, soit froid, soit chaud, mais qu'il est encore employé en quantité considérable, mêlé au café, à ce produit qui jouit de la propriété remarquable d'être nutritif et de soutenir les forces des hommes soumis à de rudes travaux, à de fatigants voyages, quoiqu'il ne soit pris qu'en des quantités peu considérables par rapport aux autres aliments.

Le lait est une dissolution émulsionnée contenant des matières azotées, la *caséine* et l'*albumine*, de matière sucrée, la *lactine*, d'une matière colorante jaune, d'une matière colorable en rouge, de substances aromatiques, de sels alcalins, calcaires et magnésiens. Ce liquide émulsif tient en suspension une matière grasse constituant le beurre; matière grasse qui a la forme de très petits globules sphériques, isolés, parfaitement homogènes, transparents, brillants, à contours bien déterminés.

Le lait est une sécrétion alcaline, mais il est susceptible de devenir acide en peu de temps, au contact de l'air, ce qui, pour les laitiers qui font le commerce en gros, est un sujet de pertes qui, à de certaines époques, peuvent être considérables si le lait qui s'aigrit n'est pas converti en fromage.

Le lait de vache a une densité qui, selon Quevenne, varie de 1029 à 1033, et, selon Vernois et Becquerel, de 1028 à 1042. Des vaches ont donné du lait pesant de 1024 à 1026. (Van Bastelaer.)

La quantité de lait consommée à Paris est considérable (1),

---

(1) Denis de Montfort a établi, il y a quarante ans (1816), que la quantité de lait consommée à Paris était, par jour, de 125,000 pintes, qui, au prix de 50 centimes la pinte, représentait un total de 62,500 fr. par jour et de 25,811,500 par an. La consommation est aujourd'hui plus considérable.

nous l'avons dit ; mais il nous a été impossible de savoir quel en est positivement le chiffre : on pourra cependant se faire une idée de l'immense quantité consommée dans la capitale lorsqu'on saura que le chemin de fer du Nord, qui est de beaucoup supérieur aux autres lignes pour le transport de ce liquide, en apporte à Paris environ 75,000 litres par jour.

On conçoit que ces énormes quantités de lait ne peuvent être fournies par les cultivateurs des environs de la capitale ; aussi, depuis l'établissement des chemins de fer, va-t-on le chercher au loin. De nos recherches, il résulte que le lait vendu à Paris est apporté de plus de 140 kilomètres par les chemins de fer d'Orléans et du Centre, de 120 kilomètres par le chemin de fer du Nord, de plus de 80 kilomètres par le chemin de fer de Rouen, de plus de 144 kilomètres par le chemin de fer de Lyon. Enfin, on a constaté qu'il arrive peu de ce liquide par le chemin de fer de l'Est.

La consommation du lait, qui s'est accrue dans Paris d'une manière incompréhensible, a donné lieu à un changement dans ce genre de commerce. Autrefois, ce liquide était apporté et vendu par les cultivateurs qui avaient une certaine quantité de vaches, puis, plus tard, ces cultivateurs vendirent le lait de leurs vaches et le lait provenant des vaches de leurs voisins (1). Aujourd'hui, le commerce est fait par un certain nombre de personnes, qui vont recueillir le lait des fermiers, et qui le vendent en gros aux personnes qui font le détail.

Le nombre des laitiers en gros qui exercent à Paris s'élève à 120 ; mais leurs maisons ont plus ou moins d'importance ; en

---

(1) La vente du lait par des personnes n'ayant pas de vaches était établie dès 1816. Denis de Montfort dit : *Nous connaissons des personnes qui enlèvent jusqu'à 500 pintes de lait, dont la consommation se fait dans Paris, n'ayant ordinairement qu'une méchante charrette attelée d'une haridelle, quelques vases de fer-blanc ; du reste, ne possédant pas une seule vache. Ces vendeurs de lait l'achètent à la campagne pour le revendre à Paris.*

effet, au nombre de 120, il y en a à peu près 40 qui apportent plus de 2,000 litres de lait par jour ; mais il y a aussi de ces maisons qui font un plus grand commerce. On en compte deux qui dépassent le chiffre de 20,000 litres par jour, quatre qui dépassent celui de 10,000 litres, enfin six qui dépassent le chiffre de 5,000 litres.

Outre ces 120 maisons, il y a encore les cultivateurs des environs et les vacheries établies à Paris ; mais, parmi les cultivateurs, il en est qui vendent non-seulement le lait de leurs vaches, mais aussi le lait qu'ils *récoltent* dans les environs des lieux qu'ils habitent.

Le commerce du lait ayant changé de face, nous avons voulu avoir des détails sur ce commerce. Voici ce que nous avons appris par suite de recherches faites avec le plus grand soin :

Il y a vingt ans, c'est-à-dire au début de la laiterie en gros, le lait destiné à l'alimentation de Paris était, selon les localités, ramassé à une distance moyenne de 40 kilomètres ; le marchand en gros le payait 10 à 12 centimes le litre. Ce prix n'a pas varié sensiblement depuis cette époque.

Le lait, à l'époque actuelle, a un peu augmenté de prix. En effet, le prix moyen du lait récolté à 40 kilomètres est de 12 centimes ; à 60 kilomètres, 11 centimes ; à une distance moindre, 10 centimes.

Le lait vendu par les laitiers en gros nécessite diverses opérations, qui sont les suivantes, et qui exigent des frais particuliers :

1° Le *ramassage* dans les fermes et chez les cultivateurs (1) ;

2° Le transport des fermes au centre de réception ;

---

(1) Le laitier en gros qui apporte du lait à Paris, a, pour récolter 1,600 litres par jour, affaire à plus de 200 cultivateurs.

3° Le transport du dépôt de réception au chemin de fer, et de là à Paris ;

4° La distribution chez les crémiers de la capitale. Tous les frais généraux peuvent s'élever à 5 centimes par litre ; malgré tout cela, le lait, en raison sans doute de la quantité que l'on en *récolte*, n'a pas haussé de prix. En effet, à l'époque actuelle, son prix est inférieur au prix payé en 1846, quoiqu'il revienne à environ 1 centime de plus par litre aux laitiers en gros ; la différence est, en faveur de l'acheteur, de 1 centime et demi pour chaque litre.

Nous avons voulu aussi savoir quelles étaient les personnes à qui le lait récolté, soit dans les environs de Paris, soit à de très grandes distances, de 50 à 140 kilomètres, est vendu, et à quel prix. Nous avons appris que ce lait était vendu en gros, aux crémiers de Paris, au prix de 17 centimes et demi le litre dans la saison d'hiver, et de 16 centimes dans la saison d'été.

Nous nous sommes renseigné sur la question de savoir si la haute température ne pouvait pas causer de pertes aux négociants en gros, et quelle pouvait être cette perte. De comptes rendus qui nous ont été présentés, il résulte : 1° que pendant huit mois de l'année on vend 95 pour 100 du lait provenant des arrivages ; 2° que pendant quatre mois (les mois où la température est très élevée), la moyenne de la vente est dans la proportion de 80 pour 100 de ces arrivages.

La vente du lait par les marchands en gros donne donc lieu dans divers cas à des pertes. Ces pertes sont sérieuses. En été, les laits qui ne sont pas vendus de suite s'altèrent ; ils sont alors versés dans des maisons spéciales pour être converties en fromages, en en séparant la crème qui surnage : cette conversion a lieu avec perte de 30 à 35 pour 100, quand le lait se trouve à Paris ; dans des lieux de production, la perte est moindre, elle n'est guère que de 10 à 15 pour 100.

Selon tous les laitiers, la vente de la crème et du fromage

est faite à des conditions qui sont onéreuses pour le commerce de la laiterie. Cet état de choses résulte de la concurrence par suite de l'abondance. Le lait de la saison chaude exige des soins de conservation. Dans quelques localités on le fait bouillir avant de l'expédier ; dans d'autres, on y ajoute une certaine quantité de *bicarbonate* de soude, de 1 gramme à 1 gramme et demi. C'est ce que les marchands de lait appellent se servir *du conservateur*. On a blâmé cette méthode ; nous croyons u'il n'y a rien à craindre pour la salubrité lorsqu'on fait usage de *bicarbonate de soude, et non de potasse, comme le font quelques laitiers que l'on trompe sur la nature du liquide conservateur.*

Il faudrait, selon nous, étudier quels sont les modes à mettre en pratique pour la conservation usuelle du lait ; il est probable qu'on arriverait à indiquer des modifications qui pourraient être utiles à ce genre de commerce.

Le commerce du lait en gros, lorsqu'il se fait avec des capitaux appartenant au négociant et lorsqu'il n'a pas d'intérêt à payer pour ces capitaux, peut être lucratif ; mais il est maintenant environné de tant de dangers qu'on ne sait comment on peut l'exercer. En effet, le négociant qui fait ce commerce s'expose : 1° à fournir à des individus qui ne le payeront pas ; à être le but de concurrences contre lesquelles il est difficile de lutter (1) ; 2° à des condamnations par suite de la saisie du lait qui lui a été livré et dont il n'a pas toujours su, ou pu reconnaître l'allongement par l'eau (2).

---

(1) Il est des gens qui, voulant faire la concurrence à tous prix, vont chez les cultivateurs offrir, pour enlever le lait à leurs confrères, un quart, un demi, ou un centime de plus par litre qu'il n'était payé, sauf à se rattraper aux dépens de la qualité du lait.

(2) Cela est d'autant plus difficile que le lait écrémé en partie, puis allongé d'eau, présente une densité égale au lait pur. Cet allongement est de 7 à 12 centièmes d'eau.

On sait que le lait depuis de longues années a été allongé d'eau ; c'est sans doute à cet allongement qu'il faut attribuer le bas prix auquel il a été vendu. Cet allongement du lait, contre lequel nous nous sommes élevé dans diverses publications et plus particulièrement dans notre *Dictionnaire des falsifications,* t. II, p. 13 et suivantes, avait été signalé en 1781, par *Mercier, dans son tableau de Paris,* t. VII, p. 269. En effet, cet auteur dit : *On falsifie le lait comme le vin ; on y met de l'eau, et la villageoise trompe la bonne foi publique, comme si elle était de la ville !*

Le cultivateur, débarrassé maintenant de la nécessité de porter son lait au marché, a suivi l'exemple de la villageoise ; il ne se fait pas faute d'ajouter de l'eau à son lait et de faire payer au marchand en gros 10 et 12 centimes le litre de ce liquide, tout en exposant son acheteur à être saisi, traduit en police correctionnelle et condamné à l'amende, et ce qui est d'une énorme gravité, à la prison (1).

---

(1) Ce ne sont pas des *on dit* que nous rapportons ici, 1° nous avons, à diverses reprises, expérimenté sur des laits livrés par des cultivateurs et saisis au moment de la livraison, *ils étaient allongés d'eau ;* 1° nous avons eu entre les mains trois jugements rendus par le tribunal d'Évreux; huit jugements du tribunal de Nantes, six jugements du tribunal de Clermont (Oise), trois jugements du tribunal de Versailles, un jugement du tribunal des Andelys; tous ces jugements *condamnent des cultivateurs qui avaient allongé d'eau les laits qu'ils livraient aux laitiers en gros ;* ces fraudeurs ont été seulement condamnés, les uns à 25 francs, les autres à 40 francs, d'autres à 50 francs d'amende et aux frais, tandis que souvent ceux qu'ils ont trompés sont condamnés à l'amende et à la prison ; et qu'on ne croie pas que ce qui a été observé dans nos localités ne se fait pas ailleurs. Nous avons des lettres qui font voir que non-seulement l'eau est mise dans le lait destiné à être vendu, mais encore dans celui destiné à faire des fromages. Voici ce que nous écrivait, le 1er décembre, un de nos collègues de Pontarlier

Le marchand de lait qui fait le commerce en gros doit donc sans cesse se méfier de ses vendeurs et se faire un peu chimiste, s'il est possible, pour éviter le piége qu'on lui tend et qui peut avoir de si funestes résultats ; il doit donc instruire les gens qu'il emploie, afin de leur donner les notions qui peuvent faire distinguer du lait pur de celui qui a été allongé d'eau ; mais il n'est pas toujours possible de se mettre en garde et d'éviter la fraude. Voici ce que nous avons constaté *de visu :* les marchands de lait en gros doivent collectionner pour l'approvisionnement de Paris, non-seulement le lait qui peut être récolté dans une commune, mais encore dans les fermes qui avoisinent ces communes ; à cet effet, ils ont des hommes désignés sous le nom de *ramasseurs,* qui vont avec des voitures tout à la fois légères et solides et qui sont remplies de pots en tôle étamée, vides. Ce sont ces ramasseurs qui doivent être assez chimistes pour pouvoir, à l'aide du pèse-lait employé de concert avec le thermomètre et dans les conditions convenables, apprécier la pureté du lait ; mais l'appréciation est d'autant plus difficile qu'il faut qu'elle soit faite très promptement, car les instants du ramasseur sont comptés. En effet, parti de tel point, il faut, quelque chose qu'il arrive, qu'il soit de retour au dépôt à l'heure du départ du chemin de fer de Paris ; s'il laisse passer l'heure du départ, la marchandise (le lait) peut être perdue, à moins qu'on ne le fasse bouillir,

---

(Jura) : *L'esprit de fraude s'est introduit dans nos montagnes aussi bien que dans les grands centres de population : beaucoup de nos habitants altèrent, au moyen d'un dixième et même d'un cinquième d'eau, le lait qu'ils apportent à la fromagerie.* Nous savons en outre que depuis que les condamnations se multiplient, les cultivateurs ont établi la prétention de vendre plus cher le lait qu'ils fournissent aux marchands en gros ; nous croyons que cette prétention sera accueillie, que le prix du lait haussera, mais qu'alors on aura du lait pur.

ce qui, selon nous, lui donne un goût peu apprécié des acheteurs (1).

Selon nous, la tâche imposée au *ramasseur* est par trop difficile ; il faut autre chose que ses connaissances pour déterminer si du lait est pur ou non. Voici ce que nous pensons qu'on devrait faire relativement à la police de la vente du lait et pour empêcher la fraude :

1° Il faudrait publier une instruction sur la vente du lait établissant que l'addition de l'eau dans le lait vendu est une fraude prévue par l'article 413 du Code et par les articles 3, 4 et 5 de la loi du 10, 19 et 27 mars 1854 ;

2° On indiquerait dans cette instruction les modes d'opérer pour constater s'il y a fraude ou non. A cet effet, on prescrirait de prendre : 1° la densité du lait à l'aide d'un galactomètre normal ; 2° la température de ce même liquide à l'aide d'un thermomètre normal, en faisant usage d'une table indiquant le *degré réel* ;

3° On ferait connaître quelles sont les conditions à employer pour se servir du galactomètre, 1° qu'il faut qu'il soit propre; 2° qu'on ne le force pas à plonger dans le lait en mettant le doigt dessus ;

4° On exigerait, *lorsqu'il y aurait doute* ou lorsque le marchand contesterait le résultat de l'opération, que deux échantillons du lait en suspicion fussent prélevés. Ces échantillons seraient scellés immédiatement par le saisissant : l'un resterait à la disposition de la justice pour être employé aux opérations que nous croyons indispensable pour être sûr qu'ils y a fraude ou non. Ces opérations sont : 1° l'*évaporation d'une quantité*

---

(1) Il y a là une modification à apporter de la part du marchand en gros : ne pourrait-il pas faire précéder *son ramasseur d'un examinateur ?* Ce serait un moyen de s'éviter des procès et des condamnations ; cela est d'autant plus nécessaire que le marchand en gros, pour 1,500 litres de lait, a affaire à un très grand nombre de cultivateurs.

donnée de lait pour reconnaître combien 100 *parties du lait saisi contiennent d'eau;* 2° *le titrage de la quantité de matière sucrée que contient le lait saisi;* l'autre échantillon serait remis entre les mains de l'inculpé pour sa garantie (1).

5° Nous voudrions, en outre, qu'on déterminât d'une manière exacte ce que l'on entend à Paris *par crème* et ce que l'on entend *par lait* : le premier de ces produits étant payé par les gens riches de 45 à 50 centimes le litre, tandis que le second n'est payé que 20 centimes ;

6° Nous pensons qu'il faut adopter la dénomination de *lait* pour le liquide *tel qu'il sort du pis de la vache* et celle de *lait écrémé* pour celui qui a été laissé en repos, puis privé par décantation d'une partie de la matière butyreuse, de la crème qu'il tenait en suspension ;

7° Nous croyons qu'on devrait faire surveiller la vente du lait par des inspecteurs dont on aurait fait l'éducation scientifique; ils devraient l'examiner : 1° dans les fermes; 2° à l'arrivée aux chemins de fer; 3° dans les laiteries de Paris ; à l'effet de saisir : 1° les laits allongés d'eau; 2° les laits qui auraient été écrémés, et qui seraient vendus sous le nom de lait et sans autre détermination, ce qui constitue la fraude.

Ces inspecteurs, lorsqu'il y aurait saisie et que le délinquant contesterait la vérité de la saisie, après avoir dressé procès-verbal, adresseraient à qui de droit le lait saisi pour qu'expertise soit faite, et comme le saisi est passible de tous les frais d'expertise lorsqu'il est coupable, il ne réclamerait que quand il aurait le sentiment de la justice de sa cause.

---

(1) Souvent des laits bien ou mal essayés avec des instruments inexacts, à des températures plus élevées que 15 degrés, par des personnes n'ayant pas les connaissances nécessaires, ont été déclarés allongés d'eau, puis jetés. On a, dans ce cas, privé l'inculpé de tout moyen de contrôle et de justification ; l'administration doit interdire ce mode insolite d'opérer.

Mais avec toutes ces précautions, la justice aura-t-elle la conviction qu'en condamnant tel ou tel individu elle aura atteint le fraudeur; nous ne le croyons pas. Il faudrait pour compléter les mesures que nous venons d'indiquer, *que le producteur du lait fût astreint à ne livrer le lait qu'il fournit au marchand en gros, que dans des boîtes fermées par des plombs à sa marque*; et cela est des plus facile. Nous avons vu que cela peut être fait avec la plus grande rapidité, et nous tenons à la disposition de tous ceux qui voudront l'examiner un spécimen qui fera voir comment en quelques secondes on peut mettre le liquide que l'on livre sous un cachet spécial, authentique, faisant connaître l'origine du lait ; mais là est la difficulté. Les cultivateurs qui vendent du lait allongé, ne veulent pas faire usage de ce moyen qui servirait à leur condamnation, et, cependant, nous croyons qu'il y a nécessité de leur imposer cette manière de faire, qui est une garantie pour le marchand en gros, qui fait loyalement le commerce, d'échapper à des condamnations non méritées (1).

Nous avions pensé lorsque nous avons entrepris des recherches sur la question de savoir s'il y a falsification du lait par les producteurs, qu'il y aurait des moyens simples de constater la fraude, et que, pour cela, il ne s'agissait que de faire accompagner les ramasseurs par des hommes aptes à reconnaître la valeur du lait, hommes ayant qualité pour dresser un procès-verbal ; mais il y a impossibilité d'user de ce moyen. En

---

(1) Ce qui engage certains cultivateurs à refuser de plomber leurs boîtes, c'est qu'ils trouvent des laitiers qui achètent le lait refusé par des ramasseurs, quoiqu'ils sachent qu'il est allongé d'eau ; de ces laits ainsi achetés n'arriveraient pas, dit-on, par le chemin de fer, mais seraient vendus extra-muros, ou entreraient à Paris divisés en petites boîtes.

effet, si le ramasseur est accompagné de quelqu'un qui puisse exciter les soupçons du cultivateur, celui-ci dit au ramasseur *qu'il n'a pas de lait à livrer, qu'il garde celui qu'il a pour le moment, parce qu'il veut faire du beurre ou du fromage.* On a vu de ces producteurs renverser le lait au moment où il allait être soumis à l'épreuve, et par cela mettre le maire qui agissait, dans l'impossibilité de constater la fraude.

Le seul moyen, selon nous, de faire cesser la fraude au point de départ, *c'est d'exiger le plombage.* Cette opération serait accueillie avec satisfaction par tous ceux qui livrent loyalement le produit qui leur est acheté.

Il nous reste maintenant à établir pour que tout chimiste puisse être apte à examiner un lait et déclarer s'il est bon ou mauvais, pur ou falsifié : 1° Quelle est la quantité de matière solide qu'il doit fournir pour 100 parties ; 2° Quelle est la quantité de sucre de lait. On est presque d'accord pour ce sujet, car on sait qu'un lait qui fournit de 12 à 12,92 pour 100 de matière solide, soit de 120 à 129 grammes de matière solide par litre, peut être considéré comme pur ; on sait aussi qu'un lait qui contient de 56 à 58 de lactine par litre de lait, est un lait qui peut être considéré comme loyal et marchand.

Relativement à la quantité de beurre contenue dans ce lait, elle ne peut, d'après nos expériences, être prise pour apprécier la pureté ou l'impureté d'un lait, les chiffres que nous avons obtenus dans des expérimentations faites en 1856, présentent des écarts tels qu'on ne peut établir une moyenne pour la quantité de beurre qui doit se trouver dans un lait (1).

---

(1) Nous pensons que pour se prononcer il faut encore faire de nombreuses expériences avec du lait pris sur diverses vaches et dans diverses localités.

On a dit que les expériences chimiques ne pouvaient être faites le plus souvent *à cause des dépenses qu'elles nécessitaient,* nous répondrons que *ces dépenses sont peu considérables,* et que, d'ailleurs, elles portent sur ceux qui ont trompé sur la nature de leur marchandise.

Conclusions :

Là se termine l'exposé de ce que nous croyons être la vérité, et nous nous résumons en disant :

1° Qu'il y a nécessité de publier une instruction sur l'essai des laits ;

2° Qu'il faut, pour essayer ces liquides, faire usage d'un galactomètre normal, d'un thermomètre normal et d'une table qui puisse faire connaître les degrés réels de densité ; qu'il faut, en outre, prendre toutes les précautions convenables dans l'emploi du galactomètre ;

3° Qu'il faut, lorsqu'il y a doute, constater quelles sont les quantités de matière solide que contient le lait suspecté ;

4° Qu'il faut établir combien le lait examiné contient du sucre de lait (lactine) ;

5° Qu'il faut, pour faire cesser la fraude venant du producteur, exiger de celui-ci qu'il ferme les boîtes à l'aide d'un plomb portant sa marque.

6° Qu'il faut, s'il y a doute : 1° Sur la quantité de matière solide que doit contenir le lait, sur la quantité de lactine, faire établir par une commission scientifique les chiffres sur lesquels on devra se baser pour déclarer qu'un lait est pur ou non ;

7° Qu'il faut, enfin, que le liquide vendu *sous le nom de lait,* soit le liquide tel qu'il sort du pis de la vache et contenant toute la matière butyreuse et que le lait, privé de la partie de cette matière butyreuse, ne soit vendu que *sous le nom de lait écrémé* (1).

Nous ne terminerons pas cette note sans faire remarquer qu'il y a une haute importance pour les laitiers à faire étudier, par leurs *ramasseurs*, l'emploi du galactomètre et du thermomètre, et de leur faire comprendre le parti qu'on peut tirer de l'application de la table, qui donne des degrés réels de densité.

Nous disons, en finissant, que malgré l'emploi des galactomètres on peut être souvent induit en erreur, c'est ce qu'ont démontré 1° MM. Delarue et Lavalle, dans une brochure publiée à Dijon, sous le titre d'*Observations sur les moyens de reconnaître les falsifications du lait;* 2° M. D. A. van Bastelaer, pharmacien à Charleroy, qui, dans le Journal de pharmacie d'Anvers, douzième année, page 433, fait dans ses écrits une appréciation juste des fausses applications que l'on a faites des galactomètres.

---

(1) Nous avons eu tout récemment la preuve que cette séparation de la crème se fait. Le mardi 9 septembre, nous avons entendu, au village Levalois, une laitière refuser à huit heures et demie du lait, disant qu'il fallait que ce lait fût reposé pour qu'elle pût séparer la crème; le lendemain, elle ne vendait que du lait écrémé.

Paris. — Typ. de E. et V. PENAUD frères, rue du Faubourg-Montmartre, 10.